27 Juin 1912

VENTE

Du Jeudi 27 Juin 1912

HOTEL DROUOT, SALLE Nº 10

A DEUX HEURES

Meubles Anciens

OBJETS D'ART

TAPISSERIES

COMMISSAIRE-PRISEUR

Mᵉ F. LAIR-DUBREUIL

EXPERTS

MM. PAULME & B. LASQUIN Fils

CATALOGUE

DES

Meubles et Sièges

BAHUTS, COMMODES, TABLES, TRUMEAUX

ANCIENS ET DE STYLE

FAIENCES — PORCELAINES

De Delft, Chine, Japon, Saxe, Berlin, Sèvres

BRONZES D'ART ET D'AMEUBLEMENT

Groupes, Pendules, Candélabres, Girandoles, etc.

CARTELS D'APPLIQUE D'ÉPOQUE LOUIS XV

GARNITURE DE CHEMINÉE D'ÉPOQUE 1er EMPIRE

MARBRE, TERRE CUITE

ARGENTERIE — OBJETS VARIÉS

TAPISSERIES ANCIENNES

DONT LA VENTE AUX ENCHÈRES PUBLIQUES AURA LIEU

HOTEL DROUOT, SALLE N° 10

LE JEUDI 27 JUIN 1912

à deux heures

COMMISSAIRE-PRISEUR	EXPERTS
Mᵉ F. LAIR-DUBREUIL	MM. PAULME & B. LASQUIN Fils
6, rue Favart	10, rue Chauchat | 11, rue Grange-Batelière

EXPOSITION PUBLIQUE

Le Mercredi 26 Juin 1912, de 1 h. 1/2 à 6 heures

CONDITIONS DE LA VENTE

Elle sera faite au comptant.

Les adjudicataires paieront *dix pour cent* en sus des enchères.

L'exposition mettant le public à même de se rendre compte de l'état et de la nature des objets, aucune réclamation ne sera admise une fois l'adjudication prononcée.

Paris. — Imp. de l'Art, Ch. Berger, 41, rue de la Victoire.

DÉSIGNATION

FAIENCES, PORCELAINES

1 — Théière et pomme en faïence.

2 — Deux soupières couvertes, une coupe, un pot
à lait, une sucrière en faïence genre Strasbourg, Rouen, Gien, etc.

3 — Deux statuettes en ancienne faïence hollandaise.

4 — Deux groupes : Femme et Chiens, en faïence
hollandaise décorée en couleurs.

5 — Grande fontaine en faïence du Midi.

6 — Grande fontaine et son bassin en faïence décorée.

7 — Six plats, assiettes ou compotiers et un pi-
chet en ancienne faïence de Rouen, Moustiers,
Strasbourg et du Midi, décor polychrome et en
bleu.

8-9 — Trois plats et deux assiettes en ancienne faïence de Moustiers, décor bleu et polychrome. (Seront divisés.)

10 — Potiche en ancienne faïence de Delft, décor bleu.

11 — Fontaine en faïence, présentant une figure de Bacchus, assis sur un tonnelet.

12 — Buste et haut relief en terre émaillée.

13 — Onze assiettes en porcelaine, décor de médaillon avec légendes, en dorure.

14 — Deux assiettes en porcelaine de Vienne, marli gaufré, décor de fruits, fleurs et insectes en couleurs.

15 — Deux petits vases, deux petits bustes, une perdrix en porcelaine de Saxe décorée et autre.

16 — Six tasses et leur soucoupe en porcelaine de Chine, décor de personnages en couleurs.

17 — Six tasses-trembleuses et leur présentoir en porcelaine de Vienne, décor en camaïeu rose, et une petite coupe en Louisbourg.

18 — Six tasses et leur soucoupe en ancienne porcelaine de Saxe, décor de paysages en couleurs, une tasse et sa soucoupe, même porcelaine, décor volatiles, insectes et branchages en relief.

19 — Théière en porcelaine de Saxe, décor en camaïeu bleu, eь un pot couvert, à anse, en porcelaine de Vienne, décor en couleurs.

20 — Deux bouteilles en céladon craquelé de Chine ; monture en bronze.

21 — Chien en porcelaine de Copenhague.

22 — Chope en porcelaine, décorée de gerbes de fleurs en relief, émaillée en blanc, collerette en métal.

23 — Coupe ovale à deux anses, sur piédouche, en porcelaine de Vienne, décor de médaillons à sujets mythologiques, en couleurs, sur fond d'or.

24 — Soupière couverte et son plateau en ancienne porcelaine de Saxe-Marcolini, décor de fleurs en couleurs.

25 — Douze assiettes en porcelaine de Saxe, à marli gaufré simulant la vannerie, décor au centre, armoirie du prince Alexandre-Joseph Sulkowsky et Maria-Anne Von Stein (!). .

26 — Petit buste de Ferdinand II en porcelaine décorée.

27 — Pot à lait couvert en porcelaine de Berlin, décor en grisaille de paysages avec ruine et feston de feuillages en dorure.

28 — Verseuse et un bol en porcelaine de Fursten-
berg, décor de paysages en couleurs et bordures
en dorure.

29 — Deux petites potiches en ancienne porcelaine
de Chine, décor bleu, montées en lampe.

30 — Théière, pot à lait, neuf tasses, douze sou-
coupes en porcelaine du Japon, décors et mo-
dèles variés.

31 — Dix plats en ancienne porcelaine du Japon.
décor bleu, rouge, or et émaux de couleurs.

32 — Groupe : la Cueillette des pommes, en porce-
celaine de Saxe, décorée en couleurs.

33 — Trois statuettes en porcelaine de Saxe, décor
en couleurs.

34 — Aiguière couverte en ancienne porcelaine du
Japon, décor de fleurs en couleurs.

35 — Jardinière-bouquetière en ancienne porcelaine de Locré, décor fleurs et attributs en couleurs.

36 — Saladier en porcelaine de Paris, décor fleurs
en couleurs.

37 — Grande coupe en porcelaine de Chine, décor
sujets à personnages en couleurs.

38 — Deux statuettes de femmes allégoriques, en
ancien biscuit de *Nast*. (Marque).

39 — Groupe en ancienne porcelaine tendre,
émaillée en blanc, représentant Hercule com-
battant l'hydre de Lerne.

40 — Berger et bergère debout sur une terrasse,
adossés à un buisson fleuri, en porcelaine de
Chelsea décorée en couleurs.

41 — Groupe : Jeune femme assise, tenant un livre,
près d'une table supportant un rouet, en porcelaine de Saxe décorée.

42 — Dromadaire, en porcelaine de Saxe décorée en
couleurs.

43 — Groupe de trois amours, sur terrasse rocaille,
et auprès d'une table, en porcelaine de Saxe
décorée en couleurs.

44 — Groupe de Trois Grâces et Amour, en porcelaine décorée.

45 — Statuette de femme en ancienne porcelaine de
Saxe décorée.

46 — Statuette de jardinier en porcelaine décorée.

47 — Présentoir ovale, en ancienne porcelaine
tendre de Sèvres, surdécorée ; oiseaux dans des
paysages, marli à œil-de-perdrix, fond bleu, et
quatre médaillons réservés.

OBJETS VARIÉS

ARGENTERIE

48 — Encrier en bronze, poignard et un verre gravé.

49 — Douze petits gobelets à liqueurs en argent.

50 — Douze cuillers à café en vermeil, dans leur écrin en cuir rouge. Commencement du XIXe siècle.

51 — Service à glace : couteau et pelle en argent, manches en nacre. *Maison Lapar.*

52 — Une corbeille, une grille à asperges ; une coupe à anse, un pot à crème, deux bouts de table, une petite ménagère, deux boules à thé, quatre petites chaises, ciseaux à raisins, trois petites fourchettes, manches en porcelaine.

53 — Sucrier, crémier, pot à lait, deux petites coupes, deux pinces à sucre, une coupe forme feuille, une salière en argent, une petite coupe en verre, monture argent, une lampe. Style antique.

54 — Une cafetière en argent. *Maison Odiot.*

55 — Une pince à asperges, deux cuillers à olives, une pelle à fraises, une cuiller à glace ; en argent.

56 — Service à café en argent, comprenant : un plateau, une cafetière, un pot à lait, un sucrier et une pince à sucre, décor rocailles et guirlandes de fleurs.

57 — Deux salières et quatre plus petites en argent, décor de guirlandes.

58 — Quatre salières, modèle analogue au précédent, en métal argenté.

59 — Vingt petites coupes à sorbet, à deux anses, en argent, de la *Maison Cardeilhac*.

60 — Éventail décoré au vernis d'un sujet : Enlèvement d'Amphitrite, et paysage animé de personnages.

61 — Châsse en bronze, ornée d'émaux.

62 — Six plaques de cheminée anciennes en fonte. (Seront divisées.)

63 — Paire de pots couverts en émail cloisonné.

64 — Petit coffret en marqueterie de nacre et d'écailles. Époque Louis XIII.

65 — Baromètre en bois sculpté redoré. xviiiᵉ siècle.

66 — Fragment de cariatide en bois sculpté, figurant Apollon. xviᵉ siècle.

(Vente Boy.)

BRONZES

D'ART ET D'AMEUBLEMENT

SCULPTURES

67 — Buste de l'Impératrice Joséphine, en terre cuite.

On lit sur le piédouche : *Chinard, de l'Institut, et membre de plusieurs académies.*

68 — Statuette en marbre blanc : Jeune femme, par L. MORICE. Socle en marbre onyx, orné d'un écusson armorié en bronze ciselé.

69 — Statuette équestre de Louis XIV, en bronze patiné. Socle en marbre vert de mer.

70 — Groupe en bronze patiné : l'Enlèvement de Déjanire. Socle en marbre.

71 — Pendule religieuse incrustée d'os pavé. En partie du XVIIe siècle.

72 — Pendule laque rouge, décor de paysages chinois. Époque Louis XV.

73 — Cartel et son socle-cul-de-lampe, de forme mouvementée, en bois, décoré au vernis de fleurs, volatiles, et enrichi de bronzes. Le cadran marqué : *De Lespinasse, à Paris.* Époque Louis XV.

74 — Cartel et son socle-cul-de-lampe, de forme mouvementée, en bois, décoré au vernis de fleurs et animaux ; enrichi de bronzes. Le cadran marqué : *J. Leroy, à Paris.* Époque Louis XV.

75 — Pendulette en bronze, le mouvement reposant sur un fût de colonne, accoté de deux consoles. Époque Louis XVI.

76 — Garniture de cheminée, d'époque premier Empire, composée de : Une pendule en marbre vert, ornée d'une figure d'Apollon assis, de bas-relief et d'une plinthe en bronze doré ; et d'une paire de candélabres en bronze patiné, bronze doré et marbre vert, formés chacun d'une statuette de femme debout drapée et ailée, portant un bouquet de lumières.

77 — Paire de bras d'applique en bronze et bronze doré Iᵉʳ Empire, formées chacune d'un bras tendu supportant trois lumières en forme de caducée.

78 — Petite pendule en bronze, mouvement apparent. Époque Restauration.

79 — Pendule en marbre portor, ornée de bronze. Époque Empire.

80 — Pendule en bronze patiné, ornements-appliques en bronze doré. Époque Empire.

81 — Pendule-cartel et son socle-cul-de-lampe èn
marqueterie de cuivre sur écaille, ornée de
bronzes. Style Boulle.

82 — Pendule, de forme monumentale, en marbre
blanc et noir, et bronzes dorés. Le cadran entre
deux colonnes est surmonté d'une statuette de
Mars, décor de trophées d'attributs. xviiie siècle.

83 — Pendule, de forme architecturale, en bois
mouluré et marqueterie, ornée de bronze. Style
Louis XIII.

84 — Paire de girandoles en bronze argenté, à trois
lumières. Style Louis XV. (Disposées pour l'électricité.)

85 — Paire de girandoles à quatre lumières, en
bronze argenté. Style Louis XVI. (Disposées pour
la lumière électrique.)

86 — Paire de flambeaux Louis XVI, en bronze
argenté.

87 — Paire de candélabres, formés chacun d'un vase,
en granit, portant un bouquet de lumière fait de
branchages de roses en bronze. Style Louis XVI.

88 — Paire de grands candélabres en bronze patiné
et bronze doré, composés chacun d'une statuette
de bacchante portant un bouquet de lumière et
reposant sur un socle-fût cannelé en marbre
blanc. Style Louis XVI.

89 — Paire de candélabres en bronze patiné, bronze
doré et marbre vert ; composés chacun d'une
statuette de femme drapée, supportant un bouquet de cinq lumières. Commencement du
XIXe siècle. (Disposés pour la lumière électrique.)

90 — Lanterne en bronze. Style Louis XV.

91 — Lustre hollandais en cuivre à six lumières.
(Disposé pour l'électricité.)

92 — Lustre hollandais en cuivre, à douze lumières.
(Disposé pour l'électricité.)

93 — Paire de chenets en cuivre. Style Louis XIII.

94 — Paire d'appliques à trois lumières en bronze
doré, modèle à nœud de ruban. Style Louis XVI.

95 — Paire de chenets en bronze doré. Style
Louis XV.

96 — Paire de petits chenets avec galerie en bronze.
Style Louis XVI,

97 — Paire d'appliques à trois lumières en bronze
doré. Style Louis XVI.

MEUBLES, SIÈGES

98 — Trumeau en bois sculpté Louis XVI, orné
d'un bas-relief en plâtre : l'Amour enchaîné.

99 — Trumeau en bois sculpté peint, orné d'une
peinture, sujet galant. xviiie siècle.

100 — Autre trumeau en bois sculpté peint avec
peinture, jeux d'amours. xviiie siècle.

101 — Deux glaces trumeaux. Cadre baguette, en
bois peint. xviiie siècle.

102 — Trumeau Louis XVI, bois peint blanc et
partie dorée. Glace surmontée d'une peinture
marine.

103 — Grande glace trumeau dans un encadrement
en bois sculpté et doré surmonté d'une peinture décorative à figures d'amours.

104 — Glace dans un cadre en bois noir mouluré
et en partie doré.

105 — Petite jardinière rectangulaire en acajou et
filets de cuivre.

106 — Cabinet en bois noir mouluré, ouvrant à nombreux tiroirs et une porte, orné de plaquettes à décor d'oiseaux et rinceaux, fixés sous verre. Il repose sur une console à six pieds en bois tourné. xviie siècle.

107 — Armoire en bois mouluré. xviiie siècle.

108 — Commode, de forme mouvementée, en bois de placage à trois rangs de tiroirs, ornée de bronzes. Dessus de marbre. Époque Régence.

109 — Commode, de forme mouvementée, en bois de placage, à trois rangs de tiroirs. Dessus de marbre (fracturé). Époque Régence. Ornée de bronzes.

110 -- Petite table en acajou, à quatre pieds réunis par une tablette d'entrejambe ; richement ornée de bronzes ciselés et dorés. Style Louis XVI.

111 — Meuble à hauteur d'appui en bois mouluré, ouvrant à deux portes et deux tiroirs faits de panneaux en racine. xviiie siècle.

112 — Deux meubles à hauteur d'appui en bois de placage, ouvrant à deux portes ; dessus de marbre.

113 — Console en bois noir sculpté.

114 — Console en bois sculpté redoré, frise d'entrelacs à jour, dessus de marbre. xviiie siècle.

115 — Deux gaines supportant deux figures allégoriques en bois sculpté peint gris. Les gaines à fond de glace.

116 — Grand paravent à trois feuilles peintes fond vert, décor de personnages et paysages chinois; encadrements de rinceaux et fleurs.

117 — Table de nuit, munie d'un tiroir et d'une porte. Dessus de marbre blanc.

118 — Petite table en bois de placage, ouvrant à un tiroir et une porte à coulisse. Dessus de marbre, galerie ajourée en cuivre. Style xviiie siècle.

119 — Bahut en bois sculpté, ouvrant à deux portes et trois tiroirs.

120 — Grand meuble en bois noir et marqueterie de bois de couleur à fleurs, ouvrant au centre à un vantail et garni de quatorze tiroirs. Il repose sur une console à huit colonnettes, Travail italien en partie du xviie siècle.

121-122 — Deux vitrines en noyer sculpté garnies de coffres dans le bas. Style Renaissance.

123 — Dix chaises de salle à manger Louis XVI.

124 — Grande banquette à haut dossier formant coffre, en noyer sculpté partiellement doré. Travail italien fin xvie siècle.

125 — Deux fauteuils en bois sculpté, garnis de cuir.

126 — Fauteuil en bois sculpté, pied X, recouvert de point de Hongrie.

127 — Ameublement de salon, style Louis XV, en bois sculpté doré, garni en étoffe brochée à fleurs, fond vert composé de : un canapé et quatre fauteuils.

TAPISSERIES, ÉTOFFES

128 — Tapisserie de la Renaissance, sujet biblique à grands personnages dans un paysage. Encadrement de bordures à figures de femmes, cariatides, guirlandes et chutes de fleurs.

> Haut., 2 m. 50 cent.; larg., 2 m. 80 cent.

129 — Tapisserie du XVIIᵉ siècle, présentant un sujet à grands personnages, tiré de l'histoire ancienne. Encadrement de bordure animaux, licorne, lion et écoinçons.

> Haut., 2 m. 80 cent. ; larg., 3 m. 05 cent.

130 — Panneau d'entre-deux en tapisserie, trophée d'attributs champêtres.

> Haut., 3 mètres ; larg., 70 cent.

131 — Coussin en point de Hongrie et en satin bleu brodé.

132 — Cinq panneaux en soie brodée, et un lot de galons.

133 — Objets omis.